懂得少的人，
思考也少。

懂得多的人，
思考也多。

什麼都不懂的人，
根本不思考。

我們可以買
名貴的跑車，

我們可以買
尊貴的豪宅，

我們可以買
昂貴的名牌。

但是這些都不會使我們成為一個更好的人，

因為這些奢侈品僅僅只是身外之物而已。

好想法 ＋ 好心腸 ＋ 好觀點 ＝ 好態度

心存善念
＋
勤做好事

讓我們成為擁有
高尚精神的人，
因為萬事萬物
都取決於我們是
怎麼樣的人。

慾望是永無止盡的，
沒有什麼東西可
完全滿足人類的需求，

除非我們先學會
「知足」的意義。

生活
最困難的部分是
學習如何
了解自己。

新的知識

領導能力

自我發展

經驗累積

基本學識

✚ 正向態度　思考邏輯　整合統籌　優勢

好的領袖

與

壞的領袖

往往只是一線之差。

白目的人

擺爛的態度 　一

白目的人通常將

正確的人事物，

錯認為

不正確的人事物，

因此，經常和白目的人在一起也會讓我們的

判斷能力變差，然後**變笨**。

而所謂的白目的人

可以被比喻成一隻

漏水的麥克筆，

不論何時，當我們發現指頭被沾染時，

就該**毫不猶豫地丟棄他**。

如果我們什麼都有卻缺乏

「基本知識」，

那麼我們就像是：

一艘航行的船卻沒有風帆，

一台腳踏車卻沒有輪子，

一輛汽車卻沒有引擎，

一列火車卻沒有電力。

即使生活中的每件事情都處於上坡路，

但卻沒辦法攀升到最高點，

因為我們欠缺穩固的

地基和常識。

- 態度 +

人類以相同的形體出生——

一個頭腦、兩隻手臂和兩條腿。

當我們長大，

有很多因素讓我們變得不同。

家庭 ＋ 快樂

愛 ＋ 恨

熱情 ＋ 孤單

優點 ＋ 弱點

學習 ＋ 缺乏知識

天份 ＋ 韌性

自尊 ＋ 創意

以上所有事情使我們成為我們。

苦澀的咖啡
甜蜜的糖

有些人喝咖啡加糖，
因為他們的生活可能
就是苦中帶甜，
各種滋味參雜其中。

所以生活嚐起來恰到好處。

某些時候，

生活有些決定性的時刻：

重大的生活事件 ＋ 生活瑣事

好時光 ＋ 壞時光

快樂時光 ＋ 憂愁時光

賺錢 ＋ 賠錢

他們都讓我們的生活嚐起來

恰到好處。

正確

錯誤

擺爛的態度　思考邏輯　整合統籌　優勢

任何人如果

無法分辨

對與錯，

就像是一隻無法分辨

要吃

狗屎

或是

神戶牛排

的狗。

一口井隔離了青蛙看見世界。

於 是 青 蛙 只 看 見

黑　　暗　　，

看 不 見 全 世 界

瘋狂的美。

一　　把　　尺

用來丈量與標線，

所以我們能夠擁有

心中的那把尺。

人們以**道德**
來評論良善，

因為尺
無法丈量我們的心。

一個微笑

是快樂的測量單位。

當我們很開心的做某件事情時，

我們的快樂指數

是不斷飆升的。

正向態度

是——

❶ 正面思考的根基

❷ 快樂工作的根基

❸ 在關鍵時刻看見機會

❹ 耐心等待更美好的未來

❺ 做有意義的事情使生活點石成金

如果我們移植一顆強壯的大樹，

到一個只有貧瘠土壤的新環境，

沒有水、沒日照、一堆蟲子，

不需要多久的時間，

這顆強壯的大樹就會逐漸凋零，

變成一顆巨大卻死氣沉沉的樹。

當我們把

有天份、聰明、有創意的人

移轉到一個新的工作環境和新的職務，

但是只有

貧瘠的土壤、乾涸的環境，

沒有人要聽他們的想法，

沒有地方可以展示他們的天份，

沒有員工發展計畫。

不需要多久時間，

這些有天份、聰明、有創意的人們

便不能再正常地發揮他們的創意了。

最終也將變成那顆巨大卻死氣沉沉的樹。

DOORS

生命中有許多扇門等著我們去開啟，

富裕之門也好、

良善之門也罷，

選擇了任何一扇，

都能得到在那扇門後的東西，

那是我們

自己選擇的。

然而

復仇之門

將會禁錮我們的靈魂，

使我們與
真正的幸福背道而馳。

因為在復仇之門背後，
只有

仇恨與怨念。

而當我們開啟
努力之門時，

我們會發現
成功之門
就在努力之門後面
等著我們。

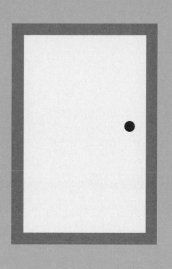

孤單之門的存在，
只會令我們感到孤單，
一旦開啟就必須
做好準備，
在它之後
將只有孤獨等著你。

好好生活

正向態度 +

思考過程 ✓

正確的
思考過程

是——

① 有目的地的旅行

② 以正確的程序達成某件事情

③ 一步一步腳踏實地做事，並且不疾不徐

④ 辨善惡、明是非

⑤ 知道什麼是重要的，而什麼是無關緊

要的

錯誤的想法
+
錯誤的行動

擺爛的態度
−

錯誤思考過程
X

擺爛的態度

+ 錯誤的思考過程

會導致

錯誤的想法 + **錯誤的行動**

任何態度不好的人

通常也帶有錯誤的想法。

任何以錯誤的邏輯思考的人

通常也做不好事情。

而態度擺爛又錯誤思考的人，

在生活、工作等所有層面都會是個大災難。

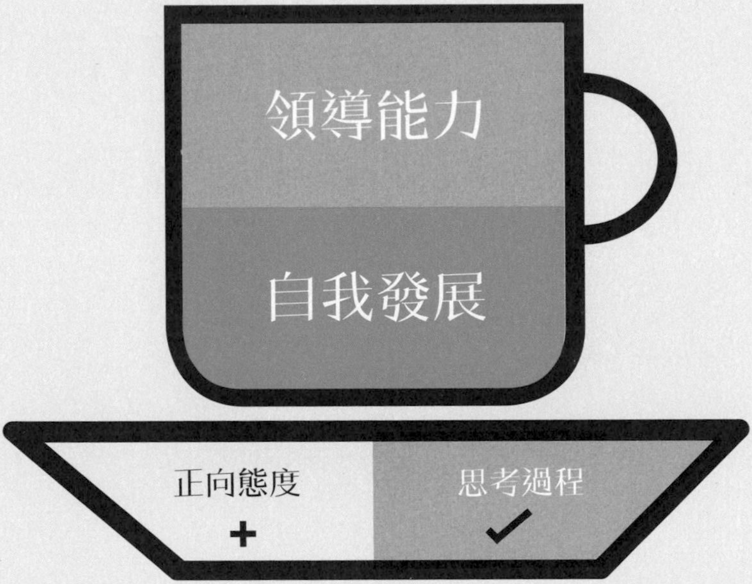
領導能力
自我發展
正向態度
+
思考過程
✓

一個成功的

領袖

是──

他總是在正確的道路上，

不論情況如何多變，

他也知道自己該往哪裡去。

並且，清楚了解前方不是懸崖。

經驗＋ 教育 ＋ 耐心

是一場爬往高樓最頂端的旅程。

更多學習 ＝ 更多認識

更多經驗 ＝ 更多實務

更多耐心 ＝ 走得更遠

這三件事情是最重要的生活基本原則，

也是我們在能夠**激發潛力**及

擁有高品質的生活前所需要精通的。

誠實，

是使人類成為一個

不欺騙、不侵佔，

並且**說到做到**的人

的唯一要件。

使自己成為一個

拾金不昧、說實話、

且**從不背叛**朋友、

不暗箭傷人的人。

如果把愛
放進工作中，
我們可以得到
快樂的
工作

如果把**無聊**

放進工作中，

我們可以得到

無聊的
工作

一個原因

或是

一個真相

會還原事情發生的真實狀態，

讓事實浮現出來。

後照鏡的存在，
是為了讓我們看清楚
在我們背後所發生的事情。

因為有時在身後的人
可能想告訴我們一些事，

一些我們無法從正面
或是自己的角度
一窺究竟的事。

一個好人來自於

好的家庭 ＋ 好的自我定位。

大部分的人都想成為一個好人，

想要被其他人崇拜，

並被認定為「**一個善良的人**」。

然而有的時候我們會墮入騙局裡，

變得

「為了錢做事」、

「瞧不起別人」、

「靠邊站」、

「自私自利」、

「自我放縱」。

絕對不要因為**你耍了伎倆**

而獲得的成功感到沾沾自喜，

也絕不要因為

說了謊而得到的東西而喜不自勝。

即時你成功地愚弄了所有人，而沒有人發現，

但是總有那麼一個人心裡一清二楚。

這個人是誰呢？

你自己。

金玉其外，
敗絮其中。

表示我們難以看清一個人的內在，

只能從表象評論一個人。

然而實際上這個人的內在早已腐敗，

不需要多久時間，

大家都會聞到那個腐爛的味道。

一個人採取的姿態，

通常來自於

跌倒經驗

或是

失敗方式。

無論何時，
當我們厭倦了跌倒和失敗，
一個新的姿態就會出現，
而這就是一種「回擊」。

回擊

需要被保留到

最後一刻才能使用，

然後我們就能用它來

終結那些壞人，

或是清除掉那些

阻礙我們前進的障礙物。

「看起來很棒，

結果卻失敗了」

的狀況，

通常來自於那些

看起來好像真的嘗試什麼、

但實際上

卻從未認真過的人們。

「幾乎要贏了」

代表某件正在進行的事情

接近成功，

然而某樣他們欠缺的東西，

將使他們

輸掉成功。

耐心

是能將

「一個凡人」

改變成為

「一個鬥士」的條件之一。

耐心就像是一劑疫苗，

當我們有耐心時，我們就不會輕言放棄，

就像注射了疫苗後就不會生病。

耐心使我們成為「鬥士」。

壞掉的電腦

基礎教育

x 錯誤思考過程

思考過程

可以被比喻成電腦硬碟一般。

如果這個硬碟壞了，電腦也就壞了。

在硬碟真正當機之前，

它會發出錯誤的指令混淆主機，

再接下來電腦就無法正常運作了。

而這就好像擁有

錯誤思考過程的人一樣。

強大的戰鬥機

可以摧毀很多東西。

強大的戰鬥機

會配備較有破壞力的武器。

它甚至只要發動一次攻擊，

就能夠輕易地

摧毀半個城市。

好人

不需要擁有武器，

因為當我們摧毀別人以後，

我們也就變成了

一個壞人。

好人是

樂於幫助別人的人。

樂於給別人一個機會，
給孩子讀書的機會，
給別人學習的機會，
給別人學習負責任的機會，
給和平一個機會，

還有給人一個能夠感覺到

更好的自己的機會。

好人需要擁有

良善的內心。

懂得施比受更有福。

你會成為
你想像中的最棒的人。

勇於付出、敢於分享

你所擁有的知識和天份吧！

消極
教育

— 擺爛的態度 | 思考過程 | 誠實 | 耐心

消極主義

如果你抱持著「擺爛的態度」，

即使你受過高等教育，

也永遠不會有

更好的人生。

因為「態度」是生活的基礎。

如果你總以「擺爛的態度」做事，

你永遠會是個消極主義者，

即使原本是一件好事也會變得糟糕。

消極

教育

━ 擺爛的態度　思考過程　誠實　耐心

消極主義

會成為

一個消極的人，

和你是否受過高等教育

一點關係也沒有。

因為教育無法

教化擺爛的態度

成為

積極的態度。

擁有**正向態度**的人，

假使他們遭遇不好的經驗，

他們會把它視為一件好事，

並且**從中學習、獲取經驗**。

另一方面來說，

有正向態度和有效經驗的人，

能夠在**生活、心靈、挑戰**方面

得到更多激發還有創意。

同時使自己成為一個

遇到所有事情都**快樂**的人。

有一些技能，

一旦學會了就永遠不會忘記。

例如：騎腳踏車、溜冰和游泳。

即使我們十多年不再接觸卻還是能上手。

此外，還包含智力。

如果我們是靈巧的，

我們會一直是靈巧的，

不會因為時間流逝而變笨。

金錢

可以買到東西，

但是它**不可能**

買到

所有東西。

金錢

可以買通關係，

但是它**不可能**

買通

所有關係。

負面的人

負面的人 通常

抱持著 凡事擺爛 的態度。

當我們省視他們所說的廢話和藉口時，

將能發現他們的思考過程是 堵塞不通 的。

當你面對任何一個 思考停滯 的人時，

唯一能做的事情就是「洗腦」他們，

並 改變 他們的生活方式。

第一步就是 停止所有的廢話。

廢話讓我們得到一時的快感，

卻對事情一點幫助也沒有。

無用的人

無用的人常常會

為了自己的微小成就

而感到驕傲，

例如學位證書。

然而，那不過是一張被裱框後，

掛在牆上的薄紙。

他們學習的很認真，

卻從未認真地把所習得的知識

應用在有需要的地方，

包含精進自我。

廢話

經驗

基礎教育

正向態度　　思考過程　　誠實　　耐心

愚蠢的人

即使他們有正向態度

＋ 良好思考過程 ＋ 誠實＋努力工作

＋ 耐心 ＋ 受高等教育 ＋ 有經驗

然而，若總是 **廢話連篇**，

他們的生活將不會有所進展，

不會如他們所期盼的那樣美好。

「廢話」的意思是

沒有創意 ＋ 沒有用 ＋ 八卦

＋ 毫無意義 ＋ 浪費時間

＋讀一些無關緊要的書

＋ 看一些無關緊要的節目，

最後成為一個專管別人閒事的大師。

熱愛學習

正向態度 ✚ 良好思考過程 ✚誠實✚ 勤學 ✚ 耐心 ✚受高等教育 ✚ 有工作經驗

那麼每天都會得到新的知識。

這會幫助我們 認清自己，

可以往哪裡進步，並且學習新的事情。

若以「空杯子」來做個比喻，

那表示一個人無時無刻不學習

✚ 尋找新鮮的事物

✚ 自我發展

✚ 善用自己和別人的時間

✚ 讀些有用的東西 ✚ 想些有用的事情

✚ 看待工作中能夠給予機會的事情

✚ 擅長於他們賴以謀生的事情

進步的人

獲得了**好的教育**

和

自我發展，

一個人就能持續不斷地成長，

只要他不停止學習。

以「一座瀑布」來做比喻，

從一滴水變成一杯水，

再從一瓶水成為一條河。

當這條河流經懸崖的邊緣時，

最終將成為人人能看見的巨大瀑布。

當遇見老朋友時，

我們總是

一起緬懷過去。

愈是話當年，

愈是沉浸在過去的美好。

我們知道彼此曾經

一同經歷那些回憶。

過去　　　　　　　現在　　　　　　　未來

當認識新朋友

並接觸到多元的主題時,

我們會發現,

當談論的話題愈來愈豐富,

我們能獲得

愈多的創意及快樂。

回想起年輕時的

美好片段，

我們會感到快樂。

或許這就是老人家喜歡

「想當年」的原因。

而當我們接觸新事物時，
學習新的觀念也會產生快樂。

我們討論愈多的**新想法**，
就能和新朋友
一起得到
愈多的樂趣。

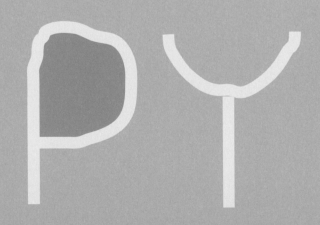

一個「航海員」需要

擁有**航海**的基本知識，

最重要的特質是**耐心**，

所以當他在海上遇到風暴的時候，

他也能一個人生存。

這就是**經驗**。

如果我們閉上眼睛，

並且跑進一間塞滿人的房間裡，

我們會**撞到桌子、
踢到椅子，**

然後被人群的腳絆倒。

任何想要成功的人

都不該閉上他們的眼睛，

必須**睜大眼睛**

並且跑得**比別人快**。

睜開你的眼睛，
保持樂觀，

並且

積極地活著！

消極 就像是

一副產生**錯覺**的眼鏡。

無論何時，當戴上這副眼鏡，
我們感知到的和真實總會變得不一樣。

看不見真相，
只看見我們想看見的。

新知識

使我們「隨時學習」，

新知識使我們「過著有趣的生活」，
新知識使我們「懂得如何去學習」，

新知識使我們「不擔心表現」，
新知識「隨處可得」，

新知識對「熱愛發展的人」

是一個好東西。

有兩種過生活的方式

第一種是

發展更好的自我

第二種是

愈活愈狹隘

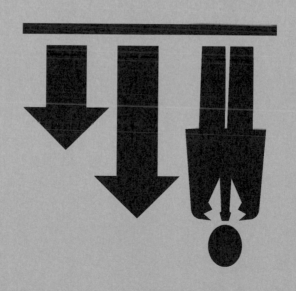

自我發展

代表的是——

勇敢面對自己的弱點，

並且專注於

能夠改進的機會。

貶抑自我

代表的是 ──

否定生活中的一切事物，

認定所遭遇的

都是壞事。

汗水

來自於身體。

它來自於鍛鍊時

全心全力付出體力及時間。

淚水

也來自於身體。

它來自於懊悔當時

未能付出全部的心力與時間。

害怕下雨

可能是下雨讓你感覺自己的生活很糟糕。

害怕下雨

可能是下雨會把你所擁有的正面能量帶走。

雨中作樂

聽聽雨聲，享受你的日常生活。

喜歡下雨

轉變心情，下雨讓你更快樂。

每杯水的份量一模一樣，
水杯的大小也一模一樣。

❶ 第一杯水 ➕ 一茶匙的鹽
❷ 第二杯水 ➕ 兩茶匙的鹽
❸ 第三杯水 ➕ 三茶匙的鹽

可想而知，
第二杯水一定比第一杯水鹹，
第三杯水一定比第二杯水鹹。

那如果把鹽想成書呢？
如果把兩茶匙的鹽改為兩本書
如果把三茶匙的鹽改為三本書

讀三本書的我們，
一定比只讀一本書的我們更博學多聞。

而若把沒有意義的事比喻為醋，
那麼將沒有一杯水中有醋。

新鮮人一號

幾乎所有的條件都一樣，

但是，新鮮人一號在閒暇時間學習，

並且獲得新知識。

他獲得了認同，並在事業上居於領先。

新鮮人二號

幾乎所有的條件都一樣，

但是，新鮮人二號的閒暇時間都

被沒有意義的事情所佔據。

毫無意外的——**他一點進步都沒有，**

他的事業也同樣令人失望。

聰明的人

一個**聰明的人**和一個**愚笨的人**

差別在於他們的腦袋裡裝了什麼。

自我發展 ✚ 學習新知

會使人變得**聰明、博學、無所不知。**

愚笨的人

一個**聰明的人**和一個**愚笨的人**

差別在於他們的腦袋裡裝了什麼。

毫無意義的事情 **+** 從不學習新知，

他們日復一日，很快地消耗他們原有的聰明才智，

最後只剩下**呆滯與僵化**。

智能的啟動者

是不管如何

都能 **善加**
利用時間。

沒有意義的啟動者

是浪費

所有你曾經付出過的

時間。

如果舒服自在地
過生活，
是能讓我們開心的
做法，

那麼我們只要確定
今天很自在，

那就足夠了。

我們為了
每一天的自在
而努力，

因此當未來來臨時，

我們可以安穩
並閒適的

迎接他。

音樂家

基本音樂知識

+

練習

會創造出

好的專注力 + 創意

這能打造一個良好的態度，

因為大部分的人一開始都不知道如何演奏樂器。

在累積了足夠的練習之後，

起初不會演奏樂器的人，

反而能奏出令人開心的音樂。

演奏者的快樂已經被創造出來了，

「不可能」的想法也隨之消失了。

練習

自我發展

基本知識

✚ 正向態度　思考過程　誠實　耐心

運動員

基本運動知識

+

規律的練習

會創造出

好的專注力+準確度

那會培育出**良好的運動習慣**，

對某些人而言，這是健康生活的關鍵。

發展想法
發展態度
發展自我激勵
發展優勢

綜合上述各點，運動對人類是很有幫助的。

正向態度 ✚ 領導能力

✚ 經驗 ✚ 基本知識

這四樣東西結合在一起，

能促使某些人發現他們擁有優秀的領導技巧。

打倒對手、找到正確的努力方向，

絕不是憑空就能達成，

這需要仰賴技巧與天份。

只要善加運用這兩項優勢，

就能成為

成功的領導者。

擺爛的態度 ✚ 領導能力

✚ 經驗 ✚ 基本知識

觀察某些「不太笨」的領導者可以發現，

他們似乎都抱持著一種**擺爛的態度**，

而敏銳的跟隨者可以察覺其中

不對勁之處，

然後勇敢逃離這艘**即將迷航**的船。

因為他們知道這艘船已失去方向，

而他們決定找尋自己的方向。

培育這件事情，

是世世代代的傳承，

從父親到兒子、

從曾祖父到曾孫，

是我們的遺傳，

也是教養。

如果有好的種子和

好的環境，

將可培育出更加寬厚仁慈的下一代。

一個
做了善事的
好人，

沒有動機
去使壞。

一個
做了壞事的
好人，

通常是
有苦衷的。

一個
做了壞事的
壞人，

沒有動機
去行善。

一個
做了壞事的
壞人，

通常也是
有苦衷的。

經驗

+

正向態度

=

使我們更加了解生活。

當我們愈**認識生活**，
我們愈可以**瞭解世界**。

當我們愈**瞭解世界**，
我們愈可以**享受生活**。

經驗

+

擺爛的態度

=

使某些人憎恨他們的生活

因為生活中發生的所有事情，

都會被**負面想法**引導，

於是便習慣以**否定的眼光**

去看待所有事情，

認為世界上的一切都**很糟糕**。

完美的人絕不是生來完美，

而是知道什麼是重要的，

並且知道如何管理自己。

他們善於——
時間管理、
思緒管理、
知識管理、
自我發展管理。

這些能力全來自於

正向態度 ✚ 良好思考過程。

獨自一個人看電影的時候，

我們一點都**不在意**身邊的人，

因為我們**全神貫注**

在電影上。

除非他們製造了一點聲響，

不然我們不會察覺他們的存在。

無論何時，

當我們聚精會神在
工作時，

再困難的任務
也能達成。

139

大白鯊
有
大白鯊的煩惱。

小蝌蚪
也有
小蝌蚪的煩惱。

鴨子有一種煩惱，
因為很多人喜歡吃
北京烤鴨。

蝸牛有一種煩惱，
因為很多人喜歡吃
法式田螺。

無論是
愚者
或智者，

都有困擾他們的

煩惱。

人向來喜歡
自尋煩惱，

因為很多人
喜歡為難人，

包含自己和別人。

自我發展

會幫助人們的 **智力發展**。

學習自我發展，
對人類生活有著極為 **正向** 的意義。

他使人們從舊有經驗獲取 **新知識**，
以解決他們的苦惱。

透過自我發展，
我們將能獲取經驗，
進而成為 **更好的人**。

一幅美麗的畫，

是透過畫家細膩的手，

輕握畫筆在畫布上一筆一劃堆疊而來。

慢慢地，

藍色的海洋、蒼鬱的樹木、

壯闊的群山、靈巧的動物

便躍然紙上。

藝術的生活
就如同畫家
作畫在帆布上，

他們用各種色調
創作出

各種美麗作品。

每天都要
竭盡所能、
有價值的活著，
絕不看輕自己。

從頭學習一件事不是壞事，

而是你該做的事。

因為——

不積跬步，無以致千里；

不積小流，無以成江海。

所有事情都要從第一步開始。

焦躁不安的心

是因為

腦袋裡有煩惱的事。

若要有清明的心，

我們得**放掉**所有的煩惱。

不論做什麼事情都要堅定信心。

因為當人們堅定信心，

奇蹟就會發生。

人與人之間的交往

必須是奠基於**善意**與**尊重**,

若少了這兩個好意,

這個世界上根本不會產生任何友誼。

不要惡意傷害他人,

因為你不會知道

那會對他造成多大**影響**。

生活的基礎是——

瞭解生活的本質，

瞭解這個世界，

還有

生活的真相。

成功的基礎是——

竭盡所能的做一件事情，

而且

絕不中途而廢，
絕不輕言放棄。

你可以在
任何時候吃蛋糕，

或是只在
生日的時候吃蛋糕。

今天要開心的生活
或是難過的生活，

是我們每天出門前
可以自己選擇
的事情。

人生大事之
自覺的起點

作　　者／丹榮‧皮昆（Damrong Pinkoon）
譯　　者／林青璇
美術設計／倪龐德
內頁設計排版／亞樂設計有限公司
執行企劃／曾睦涵
主　　編／林巧涵
董事長‧總經理／趙政岷
出版者／時報文化出版企業股份有限公司
10803 台北市和平西路三段 240 號 7 樓
發行專線／（02）2306-6842
讀者服務專線／0800-231-705、（02）2304-7103
讀者服務傳真／（02）2304-6858
郵撥／1934-4724 時報文化出版公司
信箱／台北郵政 79 ～ 99 信箱
時報悅讀網／www.readingtimes.com.tw
電子郵件信箱／books@readingtimes.com.tw
法律顧問／理律法律事務所　陳長文律師、李念祖律師
印　　刷／詠豐印刷有限公司
初版一刷／2017 年 6 月 9 日
定　　價／新台幣 250 元
行政院新聞局局版北市業字第 80 號

時報文化出版公司成立於一九七五年，並於一九九九年股票上櫃公開發行，
於二○○八年脫離中時集團非屬旺中，以「尊重智慧與創意的文化事業」為信念。

人生大事之自覺的起點 / 丹榮‧皮昆 (Damrong Pinkoon) 作；林青璇譯 . 初版
臺北市：時報文化, 2017.06 ISBN 978-957-13-7023-1（平裝）
1. 生活指導 2. 自覺 177.2 106007530

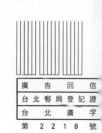
※ 請對摺後直接投入郵筒，請不要使用釘書機。

廣　告　回　信
台 北 郵 局 登 記 證
台　北　廣　字
第 2 2 1 8 號

時報文化出版股份有限公司

10803 台北市萬華區和平西路三段 240 號 7 樓

小時光編輯線 收

閱讀小時光

感謝您購買本書，為提供更好的服務並推薦適合您的書籍，請撥冗回答下列問題，並將回函寄回（免貼郵票），時報出版將會提供精美小禮贈送給您，感謝您的支持與愛護。

【讀者資料】

姓名：＿＿＿＿＿＿＿＿ 性別：□先生 □小姐　年齡：＿＿＿＿＿＿＿＿＿

聯絡電話：（日）＿＿＿＿＿＿＿＿＿　（夜）＿＿＿＿＿＿＿＿＿＿＿

地址：□□□ ＿＿＿＿＿＿＿＿＿＿＿＿＿＿＿＿＿＿＿＿＿＿＿＿

E-mail：＿＿＿＿＿＿＿＿＿＿＿＿＿＿＿＿＿＿＿＿＿＿＿＿＿

學歷：□國中以下 □高中 □專科 □大學 □研究所 □其他 ＿＿＿＿＿

職稱：□學生 □家管 □自由工作者 □一般職員 □中高階主管 □經營者
　　　□其他 ＿＿＿＿＿＿＿

（請務必完整填寫、字跡工整）

＊您喜歡的閱讀類別？（可複選）

□文學小說 □心靈勵志 □行銷商管 □藝術設計 □生活風格 □旅遊
□食譜 □其他 ＿＿＿＿＿＿＿

＊請問您如何獲得閱讀資訊？（可複選）

□時報悅讀網 □時報出版臉書 □書店文宣 □他人介紹 □團購管道
□媒體介紹（□網路 □報紙 □雜誌 □廣播 □其他 ＿＿＿＿）
□其他 ＿＿＿＿＿＿

＊請問您在何處購買本書籍？

□誠品書店 □金石堂書店 □博客來網路書店 □ PCHome □讀冊
□一般實體書店 □量販店 □其他

＊請問您購買本書的原因是？（可複選）

□工作或生活所需 □主題吸引 □親友推薦 □封面精美 □行銷活動
□促銷折扣 □媒體推薦 □其他

＊請問您覺得本書的品質及內容如何？

內容：□很好 □普通 □待加強，原因 ＿＿＿＿＿＿＿＿＿＿
印刷：□很好 □普通 □待加強，原因 ＿＿＿＿＿＿＿＿＿＿
價格：□偏高 □正常 □偏低，原因 ＿＿＿＿＿＿＿＿＿＿

感謝您抽空完成此份回函，別忘了將回函寄回，即可獲得精美贈品一份喔！